地方自治ジャーナルブックレ

地域主体のまちづくりで「自治体職員」が重視すべきこと

事例に学び、活かしたい5つの成果要因

矢代　隆嗣

公人の友社

目 次

はじめに …………………………………………… 4

1 地方分権とまちづくり ………………………… 6
　（1）地方分権改革と地域主体のまちづくり ……… 6
　（2）地域主体のまちづくりの課題 ………………… 7

2 事例研究
　　（地域包括ケアを推進するしくみづくりと運営）……… 10
　（1）目的・進め方 …………………………………… 10
　（2）事例 ……………………………………………… 11
　　　1）包括センターの概要 ………………………… 11
　　　2）包括センター設立後の状況 ………………… 12
　　　3）A市の取り組み ……………………………… 16
　　　4）A市の取り組みの背景 ……………………… 23

3 事例の考察 ……………………………………… 28
　（1）成果に影響を与えた要因 ……………………… 28
　（2）核となる要因 …………………………………… 36

4 地域主体のまちづくりで重視すべきこと …… 43
　（1）地域主体のまちづくりの前提 ………………… 43
　（2）重視すべきこと ………………………………… 44
　（3）課題 ……………………………………………… 48

あとがき …………………………………………… 50

はじめに

　地方分権改革は基礎自治体が、その地域特性を活かし、独自のまちづくりを主体的に行うための環境を整備したとされている。この地方分権改革のねらいを実現するために克服すべき課題が、財政面、法務面から提起され、その課題克服に向けて自治体改革推進などの提言がされている。しかし、提起される課題の中には地域主体のまちづくりの中心を担う個別の政策領域を担当する部門・職員についての具体的な議論が少ない。

　基礎自治体である市町村にとって地方分権化とは、新たな役割とそれに伴う新たな事業・業務を地域独自で展開していくことに他ならない。例えば、県から移譲された事業は、地域特性に適した展開への創意工夫がなければ、当該地域住民の福利向上にはつながらない。また、住民にきめ細かいサービスが必要な事業は自治体職員だけが担うのではなく、外部組織との連携・協働が必要であり、そのための仕組みづくりと運用が求められる。基礎自治体において政策領域別に担当部門・職員は、こうした地域主体の取り組みの中核的存在としての役割が期待される。

　本書は地域が主体となって、地域に適した新たな取り組みを創

り出し、その定着化により地域住民の福祉増進実現を成し遂げるために、その中核的役割を担う基礎自治体の担当部門・職員がその事業の展開において、重視すべき点を考察している。

そのためのアプローチとして、地域が主体となり地域に適した仕組運用において成果を出した基礎自治体の取り組み内容について事例研究を行った。

その結果、地域主体のまちづくり活動において重視すべき点として、①計画段階において、現場重視の具体的な準備をすること、②実施段階において、成果志向・現場重視の取り組みをすること、③参画者間の信頼関係構築ができていること、④地域の協働基盤を活かすこと、そして、それらを展開するために、⑤成果志向・現場重視の人材が参画すること、の5つが導き出された。

これら5つは今後、地域住民の福利向上に向けて、地域特性に適した仕組みづくりと定着を地域の多彩な主体との協働を通じて創り上げていく際の指針となるものであり、自治体職員が担当の政策領域において新たな取り組みを展開する際の活動の拠り所として活用されることが望まれる。

具体的な活用は本書を教材に読者自らの担当政策領域で行う"PDCマネジメントサイクルにおける計画づくり"につなげることである。そのアプローチは最後に提案するが、まずは、2章の事例における多種多彩な登場人物・団体・地域の関係性、それぞれの役割、実際の行動、そして取り組み経過による変化などを追体験しながら読み込むことを勧めたい。

1　地方分権とまちづくり

（1）地方分権改革と地域主体のまちづくり

　地方分権改革は1995年の地方分権推進法により第一次分権改革が着手された。その基本理念（同法2条）では、地方分権の主旨は国民福祉の増進であり、そのために国及び地方公共団体が分担すべき役割を明確にし、地方公共団体の自主性及び自立性を高め、個性豊かな活力に満ちた地域社会を図ることが書かれている。具体的な改革内容がまとめられた地方分権一括法（2000年4月施行）では、①機関委任事務制度の廃止と法定受託事務制度の設置、②国の関与を見直し、③国と地方の役割分担の見直しや権限移譲などが含まれている。その後、第二次分権改革と呼ばれる平成の大合併や三位一体改革が取り組まれ、2006年には地方分権改革推進法が制定されている。

　地方分権改革のねらいについて、分権改革案をとりまとめた西尾は「住民自治の充実であり、住民の広い意味でのまちづくり活動の活性化である」（西尾,2013,p3）とし、住民主体の独自のまちづくりの機会開発を挙げている。特に機関委任事務方式の廃止に

伴いこれまでの国の通達・通知が'技術的な助言'つまり、アドバイスになった結果、自治体は住民ニーズに的確に応えるため、これまで通達・通知で示されてきた以外に地域に適した方法を創意工夫することが可能になった（西尾,2013, p 151）ことを強調する。また、松下は地方分権改革は行政システムの「官治・集権」から「自治・分権」への構造改革であり、「地域のことは地域で判断する（任せる）」ことができる環境になった一方で、自治体は「自治責任」が求められることになった（松下,2013, p 12-19）と指摘する。

（2）地域主体のまちづくりの課題

　地方分権改革により、それぞれの自治体が地域の特性に合わせたまちづくりを独自の創意工夫で行うことが可能となったが、「分権改革とともに基礎的地方公共団体の役割の増大に対応する規模と能力が必要」（外山,2014, p 74）など法律が変わっただけでは本来のねらいを達成することは困難であるとの指摘がなされている。自治体の自立的活動のための規模面の環境整備として、「地方自治の担い手となる基礎自治体にふさわしい行財政基盤を確立することが求められ、1999年以来、全国的に市町村合併が積極的に推進された」（外山,2014, p 73）や「2000年代に入って、全国で実施された市町村合併が分権改革の一環として実施されたのは、分権の量的な側面を重視した結果である」（原田,2014, p 95）など国が推進した市町村合併が取り上げられている一方で、「地方分権改革は、自治体の主体的な努力や能力向上なくしてはできな

い」（牛山,2011,p114）など自治体自身の変革の必要性を強調する議論もある。

　自治体変革の視点としては、従来の業務遂行構造における組織面、業務面からは「行政の運営には経営的な視点が欠けており、前例踏襲や中央政府に依存した条例運用など、激変する地域社会の状況に十分な対応ができていないのではないか」（牛山,2011,p185）という指摘がなされ、人材面からは、今後は自ら判断していくことが求められる中、「職員は通達・通知の内容を熟知し、それに忠実に従うことがすべてであった」（西尾,2013,p152）ことや、従来の中央集権型行政システムにおける中央省庁が通達・通知・要綱などでまちづくりのあり方を細かく決めたことに従うことで政策形成能力を問われることがなかった（吉田,2003,p37）点などから政策形成能力や市民への説明責任力についての課題が提起されている。この点について厚生労働省について2001年から最近までの通達指針集（1冊4000ページ）が26冊になっていることから、辻山は依然として伺い型行政になっていると指摘している（辻山,2014, p 124）。

　地方分権改革においては、基礎自治体が経営体として組織変革の必要性を認識し、経営体としての組織構造や制度変更は重要であるが、地方分権改革のねらいを地域で実現させるためには、「自治体現場の力量拡大、自治体現場の変革」（牛山,2011、p98）が求められる。西尾が強調しているように、地方分権改革は（ア）自治体に新しい義務づけを課すものではなく、何か新たにやらなければならないものでもなく、強制されるものでもない自由度拡大

路線である（西尾,2013,p154）点と（イ）事務権限移譲を受けた市町村が従前の都道府県のやり方と同じやり方で事務を処理するのではなく、地域総合行政主体として、関連業務との調整に工夫を凝らし、事務処理を行う（西尾,2013,p156-7）ことで住民福祉向上につながると期待されている点から、地方分権改革を活かし、地域独自のまちづくりを進める自治体・地域住民の意欲と能力がその成果に大きく影響することになる。特に、機関委任事務という縦型統制の中で全国画一的に確実に実行するやり方（辻山,2014,p114）が変わることで、地域における政策展開の核になる政策別の担当部門の意欲と能力によっては地域間格差が生じることになりかねない（田中,2010, p 153）のである。

　地方分権改革のねらいを実現するためには、その中核になる個々の政策領域を担当する部門が担当領域において、今まで経験したことのない事業・業務を地域特性に合わせて、創り上げていくことが求められ、従来の通達通りの事業展開や前例踏襲型の事業執行とは全く異なるのである。よって、自治体という全庁的な経営課題解決とともに、個々の政策領域を担当する部門や職員が現場（地域）を変えていくための方向性についての具体的な検討が求められている。

2 事例研究
（地域包括ケアを推進するしくみづくりと運営）

（1）目的・進め方

　事例研究の目的は各市町村に求められた地域独自の取り組みにおいて、成果を生み出した基礎自治体の取り組みを通じて、その成果要因を析出することにある。対象とした事例内容はＡ市の介護保険課の介護保険制度における地域密着サービス創設に関わる取り組みである。その内容は2000年4月からスタートした介護保険制度において、第3期にあたる2006年4月施行の介護保険法改正によって市町村には高齢者が住み慣れた地域で尊厳ある生活の継続を目的に地域包括ケアを推進する仕組みづくりと運用が求められた。具体的には市町村が「介護給付を行うサービス」と「予防給付を行うサービス」を行うことになる。介護給付を行うサービスは民間業者が地域密着型サービスなどを行い、予防給付を行うサービスは「地域包括支援センター」（以下、包括センター）が新たに設置され、そこが住民に対してケアプランを提供する。市町村の役割は保険者としての機能や委託する地域包括支援センター運営主体法人の指定・監督を行うことである。

2　事例研究

　当事例研究の具体的な対象は市町村が保険者となって、新たに取り組む「予防給付を行うサービス」をするために新たに導入・運営する包括センターの取り組みである。この取り組みの過程でどのような活動が成果に影響を与えたか、その背景には何があったのかを析出することが目的である。

　なお、介護保険法改正における包括センター導入の取り組み事例としたのは、（ア）介護保険制度が地域主権実現のさきがけに位置づけられていること。（イ）2006 年の改正において更に地域ごとの取り組みに特色が出る機会であったこと。そして、（ウ）多くの自治体が導入段階で混乱したことなどから、成果を出した自治体の取り組みの内容が研究目的に適した情報を提供してくれると考えたからである。

　事例研究の進め方は、Ａ市としての新たな事業を地域での仕組み創設への対応について、事業に関連した基本情報やＡ市及び他地域の取り組みを報告している文献（雑誌記事）などの読み取りと、当時のＡ市のプロジェクトリーダーＴ氏へのインタビュー（時系列の活動、その結果の背景を確認する目的で繰り返し行った）を行いながらまとめた。

（2）事例

1）包括センターの概要

　包括センター設立の目的は「地域住民の心身の健康の保持及び生活の安定のために必要な援助を行うことにより、健康医療の向

上及び福祉の増進を包括的に支援すること」(介護保険法第115条39条)である。包括センターは地域の在宅介護支援センター(以下、在介センター)との連携をしながら、地域の予防給付サービスの核となる存在と期待され、今回の法改正で市町村地域でのサービス提供が決まったことから、その仕組みを市町村が創設することが求められた。

　包括センターの業務は次の4つとなる。①総合相談支援(高齢者がどのような支援が必要かを把握し、適切なサービスの利用につなげるなどの総合的な相談支援を行うこと)、②予防給付・介護予防事業のケアマネジメント(介護予防事業と新たな予防給付が効果的、かつ効率よく提供されるように適切なマネジメントを行うこと)、③権利擁護(虐待の防止など高齢者の権利擁護を行う)、④包括的・継続的マネジメント支援(高齢者に対し、包括的・継続的なサービスが継続されるよう、地域の多様な社会資源を活用したケアマネジメント体制の構築を支援すること)。これらの業務を適切に遂行する体制として、保健師、社会福祉士、主任ケアマネジャーといった専門職が配置されることになった。

2）包括センター設立後の状況

　包括センター開設後のA市近隣のB市では次のような状況が起きていた。A市より規模の大きなB市は初めから20か所以上の包括センターを全て委託でスタートした。なお、包括センターの設立・運営は直営型で行うことも民間に委託することも可能であった。厚生労働省の調査によると、2006年4月に包括センター

は 3,436 か所、うち直営は 34.3％、委託は 65.7％であった。

　B市では介護支援事業者に所属するケアマネジャーが地域で認知した虐待を報告・相談しても、包括センターが動いてくれないなど、民間ケアマネジャーなどからのクレームが出た。この背景には市民やケアマネジャーからの質問自体に包括センターが答えられない場合と、4つある業務の中で、要支援1,2プランづくりに偏り、他の業務が先送りされ、クレームにつながっていた。なお、前者についての一部は包括センターがどう対応していいかわからない場合、市に相談するのであるが、市からバックアップがないなど委託先である包括センターからのクレームが出た事例があったようである。

　このようなB市の混乱の中、B市の包括センター職員から相談を受けたA市の包括支援センター立上げリーダーであったT氏は、B市の混乱は他の地域にもその情報が伝わるほどのトラブルが続いていたと当時を振り返る。こうした状況は結果として、「地域での適切なニーズの早期発見・早期対応の仕組みを通じて、不必要な重度化を防止する」（高橋 2006、p16）ことに包括センターが貢献できていないことを意味する。

　B市での状況は他の地域でも起きた。「不慣れな介護予防支援にかかりきりで他の事業が進められないという状態が続いているようだ」（介護保険情報 2006 年 12 月号）、「開設当初から、介護予防ケアマネジメント業務である介護予防ケアプランづくりに、人も時間も取られ、その他の相談支援業務については後回しになったり、十分な対応ができないなどの問題が指摘されてきた」（川

井,2007, p 9)など多くの地域で「総合相談支援」や「権利擁護」について、利用者のニーズに適切に対応できない状況に直面した。

　さて、上記状況の背景として、当時の報告記事や専門家の座談会記事などから次の3点が読み取れる。1つ目は上記の報告にあるように「予防給付・介護予防事業のケアマネジメント」のケアプラン作成に業務が集中したことなど、「①対応時間面」が挙げられる。時間的な余裕がないのは、ケアプラン作成だけではなく、「最も総合相談支援業務で時間を要しているのが、利用者からのクレーム対応だといわれています。要介護認定の更新によって要介護1から要支援2になった場合、給付の上限額が減算されるだけではなく、サービス内容も予防サービスに切り替わり、サービス内容が大幅に変わるため、それについての不満や苦情への対応に追われているセンターが多い」（川井,2007, p 9）への対応、そして「未経験な事象が連続し、調整するのに時間がかかる」（堀,2006, p 15）ことなども挙げられている。

　2つ目の背景は「②ノウハウ面」である。「定型的な問題解決はできても、不定型の問題の解決方法ははっきりしない。つまり、方程式にあてはまらないような問題解決ができなくなっている」（古都,2006,p25）ように、困難事例などは個別の状況に対応が求められるがその経験、ノウハウがないままの対応であったことから対応に時間をかけているにもかかわらず、なかなか解決に至らない状況が生じていたと考えられる。結果、地域問題は未解決のまま時間がたち、また、特定事案に時間をかけるため他の業務へ時間が割けない状況となってしまう。そして3つ目は「③体制面」

である。専門職の連携ができない状況である。「三つの専門職がそれぞれの価値観を共有するには時間がかかり」（横井,2007,p56)」、結果的に「困難なケースを一人で抱え込む」（堀,2006, p 13）ことや、「3人の業務量にかなりむらができていると感じる。職種だけでなく、その業務内容や質の問題が非常に大きい」（鏡,2006, p 22）とあるように、包括的サービスを円滑、適切に遂行するために配置された保健師、社会福祉士、主任ケアマネジャーなど専門職の連携体制に基づく、期待されたサービス提供ができていない状況が生じていたのである。包括センターに配属された専門職は連携することで包括センターに期待される機能を発揮するのであるが実際には分業となっていることが伺える。

　また、冒頭紹介した厚生労働省調査では、2006年4月では全保険者の87.8％が包括センターを設置したが、前年6月の意向調査では、設置を予定する自治体は65.2％であり、これを「うれしい誤算」（介護保険情報,2006,p7）とする評価があるが、結果的にみて、包括センターの設立を急ぐあまり、「ハードウェアというより、ソフトウェアとして、地域にすでにあるさまざまなネットワーク、サービスを上手に活用しながら、地域で暮らす高齢者の生活上の困難を解決する」（古都,2006,p19）ことが期待されているにもかかわらず、ハードウェア面での設備、要員体制などの'形'の準備はできても、ソフトウェア面でのサービス品質を確保するための準備が不十分なままでのスタートであったと考えられる。

　さて、そのソフトウェア面での準備の不十分さで最も重要な要因は「センターが直面している最大の課題は、人材の確保と育成」

（大森,2006, p 15）と指摘される人材面と言えるが、上記の包括センター内の運営状況やその背景から'人材'とは、専門職の経験、ノウハウ面だけではなく、包括センター内の業務別要員配置に加え、包括センター機能を発揮できる育成や、専門職の連携体制をとるような'センター内の人材マネジメント力'の弱さ、つまりマネジメント人材についても包括センターの人材面の課題として浮かび上がってくる。以上、包括センター設立時に生じた状況とその背景をまとめたが、本事例研究の目的は包括センターの課題解決ではないので、当時の生じた状況の深堀はしない。

3）A市の取り組み

A市では委託後においては、2）のような状況は発生しなかった。以下にA市の取り組みを時系列に整理する。

直営でのスタート

A市では（人口約50万）初年度は基幹在宅介護支援センターが地域包括支援センターに移行する形で直営でスタートした。委託方式ではなく直営でスタートする意思決定をした背景には介護予防という観点を取り入れた新たな地域包括ケアの展開において、委託する場合、委託先は地域包括支援センター設立・運営ははじめての業務であるとともに、市の職員にとっても委託先を監督することは未経験であることから市民へのサービス品質の確保にリスクがあると判断したためであった。

委託方式導入の検討・準備

　2006年度に直営体制でスタートしたA市であったが、委託方式導入との経営判断がなされ、プロジェクトチーム体制で委託するための準備に入った。準備において重視したのは委託先の未経験の職員が委託後、サービス品質を維持できるようにすること。そして、市がその包括センターの活動を監督・指導に加え、必要に応じた支援ができることであった。それに向けて専門職がその立場から出された意見を議論しながらも、リーダーが全体として整理しながら委託化の準備をしていった。

　当時のメンバーは以前から基幹在宅介護支援センターに所属しており、委託先が担うであろう業務について一定レベル精通していたことに加え、自ら直営を通じて体験した活動をもとに、地域特性やはじめて包括センターを運営する委託先の体制を念頭に包括センターの業務に慣れない活動において直面しそうなリスクの洗い出しをきめ細かく行い、それを組み込みながら具体的な計画策定をした。準備段階での主な検討項目は次の5点であった。

①業務内容の設計：業務フロー、役割分担の明確化

　効果的、効率的なサービス提供をするために4つの業務ごとに利用者、在宅介護支援センター（以下、在介センター）、包括センター、市の間の業務フローと役割分担の明確化した。分担については在介センター、包括センター、市の3者で4つの事業別にどこが主体でどこがサブかを決め、文書化（マニュアル）し、活動の

拠り所として共有できるようにした。なお、委託後の市の主な役割は、（ア）委託先の業務状況の把握（報告書による）、（イ）利用者、住民からの委託先に対するクレーム処理、（ウ）委託先が対処できない案件へのサポートなどが中心となった。

なお、当該マニュアルはリーダーが直営での経験からユーザーに質の高い業務を提供できるように効果的、かつ、無駄のない（例えば、部門間の重複作業）業務フローと分担を可視化して原案を作成した。それを部門内で検討後、委託先にも説明し、必要に応じて、修正を加えながら、関係者間の共有を図った。

②業務システム導入

直営では不要であったが、今後、複数の委託先と保険者とのやり取りに業務のシステム化は必要と判断したことから業務支援システム導入を決めた。その背景としては、包括センターが3ヶ所できることで、個別に保管する情報や市も含めて共有する情報などの管理を効果的、効率的に行う必要があった。

システム採用に当たっては、直営体験から自らケアプランを作って、介護報酬を請求する仕組みが必要で、情報のやり取りしなければならいということに対して、最もコストパフォーマンスが良いと判断されたM社のシステムが採用された。

③委託後のサービス品質維持の仕組み化

サービス品質維持の仕組みとして、（ア）状況の情報収集のため、毎月相談件数などの報告書を出してもらう活動状況の報告、（イ）

関連者の情報交換や重要項目の共有などを行う連絡会、そして、(ウ) 市民からの苦情対応の仕組みを構築した。

④委託仕様の決定

　直営での自らの業務体験を通じて明らかにした業務内容、業務量、マネジメントポイントなどから、要員基準を固め、運営費用の見積もりを行い、仕様内容、委託用を決めていった。

　包括センターが行う4つの業務の中の、介護予防ケアプランを区分して、5つ目の業務扱いとして、別途要員配置するような委託内容とした。要支援にならないための予防プラン作成は介護報酬がもらえる部分なので、この委託の中に入れなかったのである。包括センターから介護予防居宅介護支援事業所のケアマネジャーへ委託することも可能になったことが背景にある。なお、その委託は、②のシステム（事業所も導入）やインターネットを使い、効率的に行うこととした。

⑤業務移行計画の策定

　多彩なサービス内容の量と質を維持するため、市の職員が重視したことは、委託先職員が資格を持っていたとしても包括センターが対応する個別状況に適切に対応するために必須であるコミュニケーションの重要性を理解し、実施してもらうことであった。そのために、包括センターと市職員の引継ぎ方法、特に重要案件（困難事例）の個別状況や個別案件に関わる人々とのコミュニケーションの進め方も工夫した内容とした。

委託化についてステークホルダーへの周知

　包括センターの委託化にあたり、ステークホルダーへの周知を行った一方で、地区長、民生委員など包括センターの直接のユーザーへは市職員が包括センターの職員を紹介して地域を回った。市は包括センターの職員と地域ユーザーの「顔の見える関係構築」を重視したからであった。なお、顔合わせの際でも委託化についての説明を丁寧に行い、ユーザーの不安払しょくを図った。地域ユーザーも一定の規模であるＡ市において、委託化は理解してもサービス内容の継続性、質の確保を心配している点を考慮し、委託後も保険者として市が関わっていくこと、委託後の市の役割など個別に理解してもらう機会としたのである。

　こうした新たな委託先職員を直接紹介することで、地域ユーザーと包括センターとが顔見知りとなる機会づくりを行った背景には、Ａ市では高齢者ケアの仕組みとして既に活動していた地域ごとの「高齢者連絡会」や医師など専門職で構成する高齢者のための「虐待防止専門職連携会議」などを通じて、地域と民間の専門職と市の専門職員は顔が見える関係であり、その関係性は包括センターの活動においても必要であると市職員自身の経験から考えられたからであった。

委託先選定から準備

　市の包括センター協議会において、候補として３つの社会福祉法人が合意された。また、仮決定後は既に市と良好な関係がある

市内にある特別養護老人ホームを構成する法人会との協議を通じた準備を行った。委託先として選定された社会福祉法人をサポートするという前提で市、委託先、特別養護老人ホームなど関係団体間での信頼関係の中で準備が進められた。

引継ぎ・後方支援を通じた定着化促進

　市がその役割として初年度留意した点は、包括センターとしての業務ははじめてであるため、センターが困ったことについては、きめ細かく対応し、市がきちんと後方支援することを各法人、従事する職員に行動で示したことである。困難な事例などの個別事例への対応は市の専門職が持っているノウハウ（暗黙知）を伝えることであり、包括センター職員の能力開発とともに動機づけにもなった。結果として法人の自立化を促進することにもつながった。

　業務運営は３法人間でバラツキがあったが、市は３法人のため、法人の状況にあった支援を行った。自立化支援については包括センター職員へのサービス面だけではなく、管理職へのサービス提供環境整備や費用管理面など直営経験をもとに、相手が納得し、行動できる提案をしながら進めていった。

　実施後の業務遂行状況であるが、事前に作成した業務フローや業務分担は実施後、実態を前提に関係者との調整の上で変更を加えながら、ユーザーへの効果的、効率的なサービス提供に向けて柔軟、機動的に取り組んだ。

状況確認・共有化の仕組み

　委託業務の最終責任は市にあることから、市は各包括センターの状況確認のため、また、新たな施策展開に向けて、月報、日報の提出を設計していたが、その設計した報告内容、シートについては委託先の包括支援センターとの打ち合わせを通じて、目的、項目、内容などについて理解してもらい、提出することの仕組みの説明をした。その際、包括センターの方からも活動結果を適切に伝えて欲しいという意向から報告項目の追加要請などがあった。なお、集めたデータは現状についての部門内での共有や包括センター協議会などにおいて、包括センターの運営について相談状況や作成プラン数や個別取り組みの報告など、それぞれの立場からより良い運営に向けた意見をもらう材料となっていた。

包括センターの人材育成・機能強化の取り組み

　Ａ市では従来から高齢者ケアに関する専門職連携会議が組織化されており、医療、福祉の専門家の勉強会などを通じて虐待防止などに取り組んでいた。包括センターの職員もその勉強会に参加して個々の事例別に対応方法を学ぶことになった。従来からの専門職メンバーに加え、新たに包括センター職員も加わることでＡ市の地域包括ケアに関するメンバーが集まり、情報の共有を行うとともに学び合う「場」となった。

　包括センター設立以降、専門職連携会議での事例研究は、虐待以外の困難事例や権利擁護も対象にすることになった。包括セン

ターの職員が学ぶ事例別のアプローチは個々人の実践力強化につながるとともに、医師などからの事例毎に専門職連携アプローチとして、同じ案件でも専門職ごとの分担についても説明された。こうして包括センターの専門職は3専門職の連携の重要性を認識し、実践において事例毎に役割分担と連携による対応につながっていった。さらに、専門職連携会議のメンバーである医師が毎月、包括センターでの個別事例検討会に参加して、直接指導することも行われた。こうして、従来からの地域高齢者ケアの専門職連携会議やその所属メンバーからの技術的支援によって、包括センターの人材育成とともに包括センター機能の強化につながった。

4）A市の取り組みの背景

　A市での委託化は大きなトラブルもなく順調にすべり出し、早期安定化が図られた。それが評価され、当時業界誌がその取り組み内容を取材している。直営時、15名体制の市は委託後、10名体制に戻した。

　A市の順調なスタートの背景について、当時リーダーであったT氏は以下の5点を挙げる。まず「①1年目に直営を行い、市として包括センターを運営するノウハウを蓄積できたこと」を挙げる。市の専門職員は基幹在宅介護支援センターでの経験はあっても、包括センター業務を委託化するにあたり、その業務設計（業務フロー、役割分担、情報システムの活用）や実施後、サービス品質の維持・定着へ向けて、ノウハウのない委託先への支援などに直営での体験は極めて貴重であったと語る。

２つ目は「②委託先との信頼関係が築けたこと」。その背景には次の３点があった。まず、（ア）使命感の共有ができていたこと。お互い初めてのことでいろいろな苦労したが、協力し合ってできたのは、"うちのまちの高齢者をどう支えるのっていうことがお互いにはベースにはあるので、お互いちょっとづつ無理しながらなんとかしましょう"という使命感の共有であった。また、（イ）信頼できる法人が委託先であったこと。委託先は適切なサービスを提供できる法人であり、そのための人材育成や管理体制がしっかりしていた。"（質がいいといえども）、どうしても事故は起こるし、起こってもきちんと報告して、やりとりができるような法人さんがこちらは安心して任せられる。まず、隠さずにちゃんと伝えて、タイムリーに伝えらえる"法人であったこと。一方、（ウ）相手からの信頼を得られたことは、現場で"一つ一つの困った事例をいっしょにやっていくことだと思う"と振り返る。委託スタート当初は包括センター職員で対応困難な案件に対して、市の専門職がきめ細かく支援した。また、困難事例などは必要に応じて包括支援センターの専門職と市職員が一緒に動いた。例えば、虐待やごみ屋敷などの事案へは市の職員もいっしょに入り、難しい部分は市が調整するなどである。結果、"先方（包括センター）もこの人たちに言えば、何とかなるとか、一緒に考えてくれると思ってくれるようになった"。

　きめ細かい後方支援の理由としてＴ氏は、"もともとノウハウのあるところに委託できれば一番良いが、そうじゃないことのほうが多い。委託はしているけれども、保険者としての責任として

支援を重視した"と語る。

　３つ目は「③市のメンバーの人材力、チーム力」を挙げる。まず、準備段階では、めざす姿を具現化できる人材であり、"専門職は自分の分野の話はもちろんできるが、それを事務的に、例えばどういう風に委託の仕様書を作りましょうなどの設計をしていくとなるとすごく難しいが、その時のメンバーはそれができる人が多くいた"また、チーム力としては、"保健師は保健師の側面から意見がでるし、例えば、システムを使うとなると３つのセンターをつなぐシステムをどうするかという事務方から出てくるという話し合えるメンバーであった"というように複数の専門職間、そして事務職がそれぞれ意見を成果に向けて組み立てられるチームであった。ただし、部門間での軋轢は少なからずあった。例えば、"専門職は専門職で自分はやってきたし、現場でこういうことをやってもらいたいということがある。だから、人は何人欲しいとか、こういう専門職が欲しいということがあるけれども、やはり事務方としては積算すると、これしか出せないよ、"などである。その際にはリーダーが入り、双方の話を聞きながらも、めざす姿、制約、包括センターの状況、市の役割、そして、導入段階などの視点から話合い、現実的な方向性を固めていった。"直営の経験からと、自分たち（市）がどういう役割をしてあげられるかということ。ここはうち（市）が引き受けてあげられるから、今は事務的なことはいいから、地域に行ってもらおうと"などの限られた資源を'やりくり'する方向性を出していった。

　また、スタート後は市の役割分担を徹底し合うことができたこ

とを挙げる。例えば、委託先と市との役割分担を皆で文書化し、共有していても、職員の中には委託後も電話がくれば訪問しようとするという人がいたが、"どうしても自分でやりたくなる人に違う仕事を振っていった。違う仕事とは、こういう風にして包括支援センターにやってもらうことを考えようという仕事。そうすると頭が切り替わった"ように初めの段階で役割を認識させることができた。

　4つ目は「④関係団体間の信頼・協力関係が築けたこと」。特別養護老人ホームを運営する社会福祉法人で構成される特養法人会はもともと市と良好な関係でもあり、市内で在宅ケア体制を構築することになった際も市へ協力する方針であった。そして、法人会が地域包括支援センターの業務を運営するために適した法人を推薦するとともに、推薦された法人にとっては新たな事業への取り組みとなるため、法人会がバックアップすることを約束するなど協力関係が見られた。導入段階から地域の関係者からの協力体制が委託化を選択しても一定のサービス品質が維持できた背景にあるとT氏は語った。

　最後は「⑤従来からのA市における高齢者ケアの基盤が活かせたこと」。この内容については次の2点を挙げた。まず、(ア)従来からの高齢者ケアの取り組みで市の職員と地域の民生委員や地区長などと顔見知りであったことが、市の職員が包括センター職員を地域に直接、紹介し、スタートの段階から顔の見える関係性を構築したこと。もう一方は、(イ)高齢者ケアについての専門職連携体が包括センターへの支援が包括センターの人材を育成し、

包括センターで期待される専門職の連携によるサービス提供についての強化につながった。"事例の検討は虐待防止専門職連携会議で、虐待でなくとも困難事例の検討もいっしょにやってくれていて、包括センターを育ててくれたのは、ある意味、虐待防止専門職連携会議の人たち"であったことを強調する。特に、他の地域で生じていた専門職の連携問題について、A市ではうまく連携ができたのは、"1つ1つの事例で、ここは医療的な視点が必要だから、医療職の人が活躍するところだよとか、ここは社会福祉士だよねとか、そういう事例検討をかなりやった（ことが連携につながった）。（また、この事例検討を通じて）、お互いの専門性でどこが強みで、どこが苦手なのかがわかるがお互いが使えるようになり、"お互いが認め合い、連携できるようになったと振り返る。

　地域のステークホルダーとの連携についてT氏は、まとめとして、"当プロジェクトは、最初は市の中に（意欲と能力のある）メンバーとともに検討し、次の段階では、包括を受託している法人さんといっしょに考えて、（その）次の段階では地域の高齢者包括ケアに関わってきた虐待防止専門職連携会議のメンバーと包括センターを育てるという視点でだんだん広げていった"と振り返る。

3 事例の考察

2章で描いた事例は、包括センターの設立・運営を通じて、地域高齢者ケアの新たな取り組みである。A市がB市や他の自治体が直面した包括センター導入段階での混乱がなく、地域でのニーズに対応できるサービス提供の安定化を成果として、それに影響を与えたと思われる項目を洗い出す。その上で核となる要因、要因間の構造を整理していきながら、成果要因を析出していく。

（1）成果に影響を与えた要因

A市の成果に影響を与えたと思われる要因を事例内容の流れに沿って列挙していく。

(a) 現場で機能する業務フロー・分担を設計したこと

委託化による包括センター設立を通じて地域包括ケア（予防介護）を進めることは、既存事業の見直しではない。市では新たな仕組み（業務フロー・分担）を設計（デザイン）している。その設計においては、（ア）市職員の直営からの経験と、（イ）新たな仕組

みの関係者を巻き込みながら行っている。このような創り上げる過程により、内容がより具体的になるとともに参画者全員が理解・共有できたことで、実務現場で機能する実践的な業務フロー・分担図が描かれ、スタート後の自律的な活動の拠り所となった。今回のように参画者全員が未経験で業務ノウハウがない場合においては、原案作成者が成果志向（利用者ニーズに応える）・現場重視（未経験の担当者を前提）を意識しながら、かつ、直営経験に基づき、描いた内容であっても参画者がその内容を確認しながら、理解するとともに必要に応じて修正しながら作成する過程が重要であった。

(b) リスクを含めた計画を策定したこと

　委託方式で包括センターを運営するという市と委託先にとっても初めての業務に対して、想定される具体的なリスクを洗い出し、その対処法を踏まえた包括センター設立計画が立てられた。受託先にとっても初めての事業であり、その業務ノウハウがない点、未経験の職員が採用される点を前提にしながらリスクを洗い出した。また、市としても新たな役割を遂行するために何がリスクかを洗い出して、その対応を行った取り組みである。これらのリスク洗い出し・対応策検討は市職員の直営経験が役立っている。

(c) 事業遂行力ある委託先を選定したこと

　委託先として選定された法人は包括センター運営という未経験の事業において、一定のサービスレベルを維持した。それを可能

にした背景には、市や地域の高齢者ケア団体からの支援を受けたことの他に、その支援を活かした事業体としての組織力の面もある。委託先法人ではサービス品質を維持する仕組みが機能していたとともに、職員が定着している組織であった。職員の定着には人を育てる仕組みや育成できる人材がいたことなどそもそも組織力がある法人が委託先となったという背景があった。

(d) 顔の見える関係構築を重視したこと

　委託化にあたり、事前に地域ユーザーに対して包括センター職員を市の職員が同行し、直接、紹介して回ることで顔が見える関係構築を図った。この背景には今後、包括センターがその機能を発揮するためには、既存の地域の高齢者ケアの関係者との連携が重要であること。そのために市の職員が顔の見える関係構築の重要性を認識していた。そして、この認識は高齢者支援連絡会や高齢者に対する虐待防止専門職連携会議などを通じて、既存の地域の高齢者ケアの関係者と顔の見える関係がサービス提供に欠かせないという体験によるものであった。

(e) 市が実践的な委託先自立化促進支援を行ったこと

　委託化後、市は各包括センターへきめ細かい支援を行った。委託先法人間で業務運営にバラツキがあったが、市にとっても対象が3法人のため、法人ごとの状況にあった支援を行うことができ、法人間のサービスレベルの差異をなくすことにつながった。このような市の後方支援は委託先の自立化を促進することにもつな

がった。これらの支援は市職員の直営経験に基づき行われたため、相手が納得し、行動化できる内容であった。また、包括センター管理職への経営管理面についての支援も、指導というより、提案という形で進め、相手の納得感を重視するものであった。これが可能となったのも包括センターの経営管理についての直営経験からであった。

(f) 包括センターの人材育成が実践的に行われたこと

　困難事例についての市からの直接支援は結果として、市が持っているノウハウ（暗黙知）を伝えることになり、包括センター職員の実践力向上につながった。加えて、虐待防止専門職連携会議など既存の高齢者ケア組織が行っている事例研究への参加や所属医師が直接、包括センターへ出向き、事例研究を行うなど既存の高齢者ケアの組織、人材が包括センター職員の人材育成に貢献した。特に事例研究では包括センター機能に求められる専門職の連携面で専門職への意識と役割分担のあり方を伝える機会になった。包括センター要員基準として、専門職配置はその連携の重要性から行われていても実態は連携できていない他の地域に対し、A市では事例研究を通じて案件別により迅速かつ、効果が出る対応のための専門職の連携のあり方の共有と対処法を学ぶことができたと言える。包括センター機能発揮に欠かせないと考えられていた専門職の連携が実現できた背景には、T氏も認めているように、市というよりも事例研究を展開した既存の地域高齢者ケア団体・人材の存在とその効果的な活動を通じた貢献が大きい。

(g) 求められる役割分担を徹底したこと

　計画で決めていても、実施段階ではその徹底は難しい。特に市は現場業務に精通し、かつ直営での包括センターでは直接サービス提供をしていたことからも、委託先からの相談を受けると自ら動いたほうが迅速、適切な対処ができるとの考えから行動しがちである。しかし、A市では自ら動くのではなく、市の役割として委託先に適切な指導を通じて問題を解決する取り組みという市に期待される役割を徹底した。

(h) 実施後は実態に合わせた対応を行ったこと

　事前に決めたことでも実施後、現状把握を行い、その実態に合わせて適切な方向へ変更する（フロー、分担）ことを行った。計画に固執せず、現場の実態に合わせた柔軟な対応を行い、実施後でも成果志向・現場重視の取組が行われた。

(i) 市と委託先の信頼関係の中で事業展開がされたこと

　市と委託先は使命感、めざす姿を共有していた。また、密なるコミュニケーションを通じて互いに納得しながら活動していったことが信頼関係の基盤づくりにつながった、この信頼関係構築の背景は次のようにまとめることができる。まず、「法人から市への信頼醸成の背景」としては、市の、（ア）支援姿勢である。包括センターが困った時への迅速、適切な内容を親身に支援した。また、必要に応じて一緒に活動した姿勢がある。そして、現場での支援

だけではなく、管理者に対し、(イ)経営への実践的なアドバイスも行われた。ただし、これらの支援は委託先への上から目線での「指示・指導」ではなく、「支援」というアプローチであった。委託関係ではあるものの、未経験事業によるノウハウのないパートナーであるという状況において、育成を重視したアプローチであったと言える。そして、市の支援は未経験の委託先にはじめから任せることはできないという保険者としての市の責任からの対応と言える。

次に「市から法人への信頼醸成の背景」としては、(ア)地域の高齢者ケアや介護保険制度後の連携により、以前から経営姿勢、運営内容を知っていたことに加え、(イ)新規事業に対応力のある自立した事業体という評価、そして、(ウ)新たな取り組みにおいて、市とのコミュニケーションを重視する協働姿勢を持った組織であったことが挙げられる。

(j) 市と関連団体とに信頼関係が築けていたこと

A市では従来から市内で特別老人養護事業を運営する法人と担当課の関係が良好であり、お互いを知り合っていたこと。また、法人間で支援ができる関係であったことなどから、地域の実情を知っており、市との良好な関係のある法人からの協力を得ながらの導入であり、実施後も地域の関連事業者が包括センターを協力した。このことは協力した関連事業者からは、包括センターを運営している○○法人を支援する姿勢であったと考えられる。

(k) 地域高齢者ケアの基盤（団体・個人）が活かせたこと

　既存の専門職連携会議の勉強会に包括センター職員が入るとともに、そこでは虐待以外の事例研究も行うことで包括センター機能強化をバックアップする取り組みが行われた。さらに専門職連携会議に所属する医師が各包括センターへ出向き、事例研究を行った。これらは包括センターを市で活かすためには、既存の高齢者ケアのステークホルダーとの連携が必要であると市の職員自身の体験が推進力となった。そして、これらは新たな包括センターを地域で活かし、地域の高齢者ケアを強化する取り組みであり、包括センターの定着化に大きな貢献となったと言える。

　このように新たに設立された包括センターは、A市において行われていた高齢者支援連絡会や高齢者ケアに関わる専門職が参画する虐待防止専門職会議など既存の高齢者ケアの基盤との良好な関係の中で多彩な支援を受けながら育っていったとともに、地域に根付づいていった。このことは既存の高齢者ケア基盤に包括センターが組み込まれて、市の高齢者ケア基盤が進化しつつあると言える。

(l) 成果志向・現場重視の導入プロジェクトメンバーとチームであったこと

　専門職は自分の立場からのあるべき論を主張しがちであるが、当チーム内の専門職は事前準備段階において、具体的な業務まで設計でき、地域、委託先の実態から想定できるリスクを洗い出し、その対策を具体的に立てることができる人材であった。そして、

それらを議論し、煮詰めて形にしていくために建設的なコミュニケーションができる人材であった。さらに、地域での活動では顔の見える関係構築が重要であることを押さえていたことに加え、今後、委託先が行う場合も関係性構築が重要であることを発想するとともに、自ら包括センター職員を地域のユーザーに引き合わせた行動力があるメンバーであった。

　また、実施段階では包括センター職員への引継ぎ、支援を行い、委託化の安定を推進する一方、新たな分担における市の役割の徹底を重視し、その役割のためのスキル開発を強化することができた人材とその人材をメンバーとしたチームであった。

(m) リーダーが事業プロセスをマネジメントしたこと

　準備から安定化までの成果志向・現場重視でプロセスを舵取りしたリーダーがいた。その際、多彩な専門職の意見を尊重しながらも、地域の高齢者包括ケアのめざす姿とともに、委託化に伴うリスクを評価しながら対策をまとめ、実践していった当プロジェクトのプロセスマネジメント力をリーダーが発揮した。

(n) 成果志向の委託先職員であったこと

　委託先職員が使命感をベースに新たな取り組みを安定化に向けて努力した。市職員からの業務の引継ぎ、支援を受けながら、事例研究への参加し、案件別への対応能力の強化に取り組んだ。取り組んだ包括センター職員、組織はそれらの時間を取り、参画するなど学ぶ姿勢、熱意があったことが読み取れる。

（２）核となる要因

１）核となる要因

（１）で事例内容の流れに沿って列挙した 14 項目は①準備段階面（a-d）、②実施段階面（e-h）、③参画団体間の関係面（i-j）、④政策領域の地域関連団体との関係面（k）、そして、⑤参画組織に所属している人材面（l-n）の５つに区分できる。これら区分毎の内容を要約すると次の５つが抽出される。「①成果志向・現場重視の事前準備をしたこと」、「②成果志向・現場重視の定着化策を展開したこと」、「③市と委託先が成果志向の信頼関係の中で事業展開ができたこと」、「④既存の地域高齢者ケア基盤との連携ができたこと」、そして、「⑤成果志向・現場重視の人材が参画していたこと」である。これらがＡ市の成果に強く影響を及ぼした要因と言える。以下で項目毎に整理する。

①成果志向・現場重視の事前準備ができたこと

　めざす姿を実現のために、（ア）地域状況に適した業務フロー・分担設計を行うとともに、（イ）想定されるリスクを踏まえた、（ウ）具体的な委託化計画を策定した。つまり、事前準備の重要性の認識を持ち、事前準備を具体的に行ったことが、実施後のトラブルを未然に防ぎ、早期の安定化につながったと言える。特にリスク対応については、委託・受託双方にとって未経験の事業を委託化することによるリスク対応の必要性を発想したことからはじま

り、リスクを的確に洗い出し、そして、適切な対応策を策定するなどリスクマネジメントを計画に組み込んだ。

②成果志向・現場重視の定着化策を展開したこと

　委託後は、(ア) 委託先の自立化を促進する支援している。そのアプローチは単に委託基準に基づいた指示・指導ではなく、自らの直営経験に基づく内容を包括センターの職員・管理者が納得できるように密なるコミュニケーションを通じて行っている。なお、(イ) 地域の高齢者ケア団体の支援もサービス提供の技術面から自立化を促進した。また、ユーザーへのサービス品質維持の観点から、(ウ) 各包括センターのサービス提供について、現状把握・品質維持の仕組みを運用しながら状況を確認しながら成果に向けての方策を通じて定着化を図っている。

③市と委託先が成果志向の信頼関係の中で事業展開ができたこと

　市と委託先の間に成果実現のパートナーとしての信頼関係の構築ができ、その中で新たな事業定着化への連携が図られた。この背景には委託後の実践において、参画者の使命感・成果志向と密なるコミュニケーションをベースに着実な成果を参画者間で共有したことが大きい。

④既存の地域高齢者ケア基盤との連携ができたこと

　新たな取り組みに、地域の高齢者ケアのステークホルダーを巻き込み、そことの連携によって地域の基盤を進化させていくとい

う既存の基盤を活用しながら住民福祉増進への地域の価値を高めることになった。例えば、専門職の連携が事例研究を通じて、その重要性、連携の仕方を医師からの説明で専門職が自覚し、具体的な専門職間の連携活動につながり、包括センターの提供サービスの質を高めたことが挙げられる。こうして新たにできた包括センターが点のままではなく、関連団体との線がつながり、結果的に地域として面で対応できる体制ができたと言える。

⑤成果志向と現場重視の人材が参画していたこと

　参画した人材は使命感を持ち、成果志向と現場を重視する能力を持っていた。高齢者が地域で尊厳を保持して生活を継続できるように支援することを実現したいという使命感をもとにしながら、新しい取り組みを'手段・ハードウェア重視の形式志向'ではなく、'目的・ソフトウェア重視の成果志向'を持ち、現場重視の仕組み設計力と定着化能力が発揮できる人材、チーム、組織で展開された。

　A市の事例では'直営経験'が委託化での成果に影響を与えたことが読み取れるが、人材面で押さえておかなければならないことは、直営経験からリスクを洗い出し、対策につなげる能力を持った人材がいたことである。直営を経験していても、この能力を発揮する人材がいなければA市の成果にはつながらなかった。よって、このような意欲と能力のあるメンバーが展開する場合、直営経験をしていなくとも別のアプローチを工夫しながら成果を生み出すことができたと考えられる。

2）要因間の関係

上掲の5つの項目間の関係は図1のように整理できる。

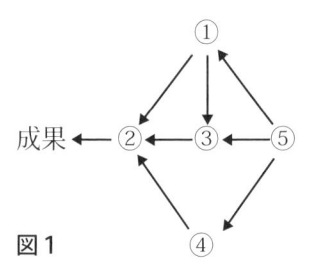

```
        ①
       ↙↓↘
成果 ← ② ← ③ ← ⑤
       ↖ ↑ ↗
          ④
```

図1

　A市の成果の背景には成果志向・現場重視の観点から細かく丁寧な包括センターへの引継ぎ、具体的な支援（自立化促進）、市の役割（自覚と仕組み化）が適切に行われたことがあった（②：成果志向・現場重視の定着化策を展開したこと）。それができたのは業務フロー・分担計画などを含めた地域で機能する事前準備を具体的に策定したこと（①：成果志向・現場重視の事前準備をしたこと）と実施の定着へ向けての市の現場視点での支援による委託先の自立化促進であった。そして、それができたのは市と委託先との信頼関係の構築があった（③：市と委託先が成果志向の信頼関係の中で事業展開ができたこと）のに加え、従来からの市の高齢者ケアの施策展開による高齢者ケア地域基盤が活かされた点がある（④：既存の地域高齢者ケア基盤との連携ができたこと）。そして、これらの背景には市の成果志向と現場重視の専門職人材・チームの存在（⑤：成果志向と現場重視の人材が参画していたこと）がある。

3）政策領域としての成果

　ここまでＢ市や他の自治体が直面した包括センター導入段階で、混乱なく地域ニーズに対応できるサービス提供の早期安定化をＡ市の成果として、その背景を析出した。

　さて、介護保険制度の目的面からＡ市の取り組み成果を考察してみると、地域の高齢者ケアという既に一定の評価を得ていた当該地域の高齢者ケアの協働基盤については、包括センター導入を通じて進化させた点が見えてくる。この点は包括センター導入後の地域内での取り組み内容から地域住民、利用者へのサービス品質向上の協働基盤が強化された点で包括センターの早期安定化の別の表現と言えるが、安定化とともに新たな取り組みに参画した多彩な主体同士の交流は、地域が主体として地域住民の福祉向上に向けた地域協働基盤のさらなる充実（成熟化）が図られたことと言える。このことは図1の「成果」の先に位置付け（図2：上位の成果）られ、Ａ市は既存の高齢者ケア協働基盤に新たな仕組みを組み込み、着実に住民のための地域独自の高齢者ケアの仕組みを前進させ、住民にとっての住みやすさが向上したと言える。

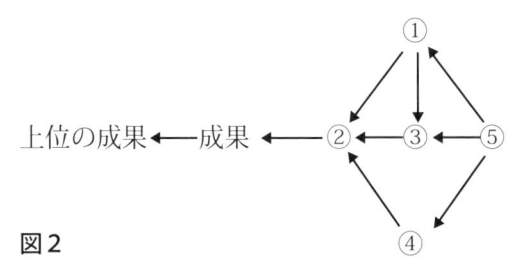

上位の成果 ← 成果 ← ② ← ③ ← ⑤
　　　　　　　　　　①
　　　　　　　　　　④

図2

こうしてＡ市の事例から政策別に地域協働基盤の成熟度は地域住民が安心安全に生活し続ける環境整備になることが示唆されている。昨今、多くの自治体が人口流出・流入策に力を入れているが、それら多種多様な政策を活かすためには、地域の政策別協働基盤の成熟度が影響することから、成熟度を向上させる政策が求められていることがＡ市の事例から読みとれる点である。

　武藤は市民社会に必要なサービスのうち、公共的な提供が望ましいサービスをサービス提供者の観点から、「（ア）直営サービス（公務員による提供）」、「（イ）行政サービス（行政が責任を持つ領域：民間委託による提供を含む）」、そして、「（ウ）公共サービス（公共的な提供が望ましいサービス：市民・ＮＰＯ・民間企業による提供）」と区分している（武藤,2014,p6）。Ａ市は当初の「（ア）直営サービス」を委託化による「（イ）行政サービス」へ移行したが、今回の事例内容は「行政サービス」において、行政がその責任を果たすための取り組みであったとも言える。今後、「行政サービス」化の中、Ａ市の事例は参考になると考える。特に、「行政サービス化」によって成果を生み出すには、行政と委託先だけではなく、地域の政策別協働基盤の成熟度の高さが影響していることから、その施策を平行して展開することを認識することが重要と考える。つまり、公的なサービスの外部化において、地域の政策別協働基盤の成熟度が重要であることであり、他の政策領域においても活かしたい点である。そして、Ａ市の事例は既に取り組まれていた準市場での介護保険制度運用という「（ウ）公共サービス」においても、サービス提供に関する関係者を巻き込んだ地域の政策別協働基盤

の成熟度が成果に影響を与えることも読み取れた。今後の政策課題である「ひとり一人をケアする行政」、「ひとり一人のリスクをキャッチする行政」(西尾,2013,p32)へは公的サービスの外部化を推進する施策（例：「公共サービス改革法（2006年）」、「公共サービス基本法（2009年）」）とともに地域の政策別協働基盤成熟化施策の展開が求められることをA市事例が示している。

4 地域主体のまちづくりで
　　重視すべきこと

　本章では3章で析出した知見をもとに今後、基礎自治体が求められるこの同様の取り組みにおいて、成果実現のために何を重視すべきかを考察していく。

（1）地域主体のまちづくりの前提

　事例として扱った政策である介護保険制度は、住民に最も身近な基礎的自治体である市町村が主体的に施策を運営することが求められている。厚生労働省からは地域高齢者ケアにおける包括センターの機能、業務、そのための体制などの指針が出されているが、個々の自治体は単に包括センターを設置し、必要な要員を配置するのではなく、地域の状況を前提に地域ニーズに対応できるような地域独自の仕組み（適切な業務、分担、人材）の設計と定着化が求められる。

　今後、基礎自治体に求められる地域主体のまちづくりへの取り組みで押さえておかなければならないのは、①地域の課題解決が目的であること、②主体的に展開することは市にとって未経験で

あること、③地域の規模、または需要量から委託化・協働での展開が求められる場合もあること、④新たな取り組みに対して、委託先・パートナーは蓄積しているノウハウが弱い場合があるということ、そして、⑤準備の時間が少ないことに加え、⑥県などの支援が十分受けられないこと（対象となる市町村が多く、かつての中核市移行時などのように個別支援は期待できない）などである。

（2）重視すべきこと

3章（2）のA市の成果に影響を与えた核となる要因から次の5つが地域主体のまちづくりで担当部門・職員が重視すべきこととなる。つまり、地域独自の仕組みづくりで成果を生み出すには「①成果志向・地域特性に適した事前準備が行われること」と「②成果への定着化のための適切な支援が行われること」が求められる。そこには「③成果志向のパートナー関係の構築・運用が行われること」。そして、単独で進めるのではなく、「④地域に既に存在する政策に関連する基盤との連携を図ること」。そして、①から④を「⑤展開できる成果志向・現場重視の人材が参画すること」である。以下で個別に活用ポイントを説明していく。

①成果志向・地域特性に適した事前準備が行われること

まず、事前準備の重要性を認識することが重要である。事前準備としては、具体的には計画を策定することになるが、その構成要素である（ア）めざす姿、（イ）地域の実情、（ウ）そこからの

課題設定、（エ）課題解決のための対策（リスク対策も含む）、（オ）対策を進める体制とスケジュールを創り上げ、関連者で共有する。

　事例での（ア）は高齢者が地域で尊厳を保持して生活を継続できるように支援することの実現であり、包括センターをつくることではないという認識を持つことは重要であるが、5つの中で核となるのが、（ウ）の設定とその克服策として（エ）の策定である。（ウ）は（ア）を実現するために必要な方法、資源が地域にあるのかという（イ）実情との比較を適切に行う必要があり、それらを行うことで、地域が着実に実現できる方法とそれに伴うリスクの洗い出しができる。そして、（エ）ができた上で、それを着実に実行しながら（ア）を実現するための（オ）適材による体制、無理のない活動スケジュールの構築につなげていく。なお、（エ）における核は地域に適した、地域で動く仕組みづくりである。具体的には"利用者起点の「業務フロー・分担」"の設計である。事業に関係する団体の役割を前提に、利用者が満足できるように利用者起点で効果的、効率的な団体間の業務フローを設計する。その上で各団体内の業務分担や内部処理手続きを設計する。さらに描いた業務フロー・業務分担設計が実現するための「想定リスクの洗い出しと対策立案」である。そして、後者は（オ）のスケジュールに組み込んでいく。こうして成果実現に必要な事前準備をするためには、（ア）から（オ）を関連づけながら適切に設計（デザイン）することが求められる。

②成果への定着化のための支援が行われること

　実施後、計画等に描いた設計通りに動くことは期待できない。よって新たな取り組みの目的を実現するために、適時適切なモニタリング・評価と改善することが求められる。特に、委託化を選択した場合、新たな事業ノウハウが持たない委託先には、(ア) パートナーとして問題解決型（成果志向）コミュニケーションをとりながら協働で取り組む関係を持つとともに、(イ) パートナーの自立化に向けた支援を市が中心となり仕掛ける一方で、(ウ) モニタリング（報告による状況確認）と早期・適切対応も市が核となって行うことが新たな取り組みの早期定着化につながる。重要な点は、例え委託契約での関係であれ、パートナーが新たな取り組みに慣れていない状況であれば、行政が基準をもとに形式的な指示、指導をするのではなく、自立できるように実務的な"支援"をすることが求められるということを認識することである。そして、成果実現のために必要な"支援"をするためには、支援される側の状況に合わせて、適切なノウハウとコミュニケーションが求められるのである。

③成果志向のパートナー関係の構築・運用が行われること

　地域住民の福利向上のために協働で事業展開をする場合、参画者間の信頼関係が重要である。そのためには、それぞれの役割を自立的に遂行することが求められるが、必要に応じて密なコミュニケーションをベースに市との連携を通じて、当初直面する課題を着実に解決していく取り組みが求められる。信頼関係はこの過

程で生まれ、醸成される。よって、事業パートナーとして適切な団体を選定することは必須であるが、事業開始後はその事業内容評価を適切に行い、成果実現度の説明責任を果たすことができる仕組みの運用も必要である。A市の事例を通じて、事前準備の重要性を確認したが、パートナー選びも事業者評価を適格に行われることの重要性も伝わってくる。地域の規模によっては、その量的ニーズに対応するために多くの事業者を選択することが求められる場合であっても、サービスを効果的、効率的に提供できる団体を選ぶ、準備段階が最も重要である。その上で実施後の提供サービス品質の評価を通じ、必要に応じて改善を組み込みながら、住民にとって質の高いサービス提供を継続することができる参画者間の協働関係の構築が求められる。

このように成果実現に必要な信頼関係には、密なコミュニケーションを行いながら取り組みにおいて、小さくとも着実な成果（前進）が求められる。そのためには、上記①と②の質が重要となる。

④地域に既に存在する政策に関連する基盤との連携を図ること

上記①と②の展開において、新たな取り組みが単独で進むのではなく、関連する政策領域において過去からの取り組みの結果、存在しているステークホルダー（団体や個人）である社会基盤と連携し、既存の基盤を活かすことで、より早期に安定化が図られると言える。よって、新たな取り組みの成果実現には従来からの地域基盤があるだけではなく、それが新たな取り組みとの連携が機能する状況を維持しておくことが求められる。なお、連携におい

ては結果として、更なる当該政策領域の地域基盤を進化され、地域住民の福祉向上への価値を高めることにつながるような意図を持ちながらの取り組みが求められる。

⑤成果志向人材・現場重視の人材が参画すること

　成果志向・現場重視の人材とは、上記①から④を効果的、効率的に展開する役割を担える人材である。使命感を持ち、単に手段を実施するのではなく、地域住民の福祉向上に貢献する成果志向を持つ人材である。そして、多彩な団体、メンバーが関係する仕組みがきちんと機能するような現場重視の準備と実施後の安定化を既存の地域の基盤を巻き込みながら協働を通じて、地域目標実現へ導く多元的主体間の協働プロセスをマネジメントできるリーダーが参画することも重視したい。

（3）課題

　事例研究を通じて明らかにされた地域主体のまちづくり活動において重視すべきことは、取り組みの①計画段階での現場重視の具体的な準備、②実施段階において、成果志向・現場重視の取り組み。③参画者間の信頼関係構築。④地域の協働基盤を活かすことであり、それらを展開するためには、⑤成果志向・現場重視の人材の参画することの5つであった。このことは地方分権化による独自のまちづくり環境を有効に活用するために行政主導ではなく、多元的主体間の協働を活かす取り組みは地域という面として

の体制が重要であることが確認できたと言える。

　さて、上記の5つを重視して現場で展開するには基本的な2つの課題がある。まず、①から④を現場で展開するための核となる人材を育成することである。地域・自治体の特性に基づき、多元的主体をまとめて、成果へのプロセスを舵取れる能力は全ての職員に対して開発が求められる。なぜならば、1章でも指摘したように行政職員は新たな取り組みをすることに慣れていないだけではなく、外部組織との連携の中で支援、指導が期待される。職員に求められる能力だからである。

　もう1つは、④を実現するための課題として、地域の政策別協働基盤の成熟化である。A市の事例では高齢者福祉領域において、既にあった地域の協働基盤が包括センター安定化に大きく貢献した。つまり、地域において新たな手段を当初の目的通りに活かすことができるかは地域ごと、政策領域ごとの協働基盤の成熟度が新たな取り組みの成果に大きく影響すると言える。したがって、"地域の政策別協働基盤"をいかに成熟させていくかが地域主体のまちづくりの課題である。

あとがき

　本書は地域で活きる仕組みを構築し、定着化させる新たな取り組みを地域の多彩な主体との協働において、中核的な役割を担う自治体の担当部門・職員が活動の拠り所とすべき①計画段階において、現場重視の具体的な準備をすること、②実施段階において、成果志向・現場重視の取り組みをすること。③参画者間の信頼関係構築ができていること。④地域の協働基盤を活かすことであり、そして、それらを展開するために、⑤成果志向・現場重視の人材が参画することの5つを提案している。

　さて、「はじめに」で書いた本書を教材に自らの新たな取り組みについての"PDCマネジメントサイクルにおける計画づくり"に活かすアプローチを提案したい。計画づくりの枠組と視点として、「3章：事例の考察」でまとめた（a）から（n）の項目と、それらを分類した5つを活用する。①準備段階面、②実施段階面という（ア）プロセスの観点、そして、③参加団体間の関係面、④政策領域における地域の関連団体との関係面、⑤参画組織に所属している人材面などの（イ）事業環境の観点の3層の枠組みである。

　具体的な計画づくりは（a）から（n）の項目にごとに、担当

政策領域における現在の状況と比較して、現状の課題を整理する。それらの課題を克服する方策を取り入れながら地域での新しい取り組みを展開するストーリー仕立てで計画を作成していく進め方である。（a）から（n）の視点を計画全体の枠組みの中に位置付けて行うことで、新たな視点の発見が期待でき、それを組み込むことでオリジナルの枠組みづくりが可能となり、結果的により実践的な計画づくりにつながることが期待できる。

　このように事例研究の枠組みをベースに担当する政策領域についての現状の棚卸を行い、その情報を使いながら、新たな取り組みをどのように進めるのかのストーリーを創り上げていく。そのストーリーは'確実につながり'自信をもって実践に行ける部分もあれば、'あいまい、不確定'な要因のため'ストーリーがつながらない'部分も見えてくるはずである。そのあいまい、不確定な要因を検討しながら、まちづくり計画（戦略）素案を創り上げるのである。このように計画素案づくりに成果を出した事例の背景を整理した枠組み・視点を利用するのである。本書が独自まちづくりに活かす教材として活用されることを望んでいる。

【参考文献】

牛山久仁彦 2011 年「第 4 章 政策の企画立案と自治体の取り組み、第 8 章 住民協働のまちづくり」『現代地方自治の課題』学陽書房
大森彌 2008 年『変化に挑戦する自治体』第一法規
大森彌 2006 年「地域包括支援センターのめざす方向性」『地域包括支援センターのめざすもの』月刊福祉 10 月号、全国社会福祉協議会
岡田正則他 2014 年『現代自治選書　地方自治のしくみと法』㈱自治体研究者
川井太加子 2007 年「地域包括支援センターの現状と課題」『地域包括ケアの現状と今後の課題』ふれあいケア 1 月号
厚生労働省「地域包括支援センターの運上状況等について」厚生労働省老健局
厚生労働省 2013 年「公的介護保険制度の現状と今後の役割」厚生労働省老健局総務課
佐々木信夫 2011 年「第 1 章　挑戦する自治体をどうつくるか」『現代地方自治の課題』学陽書房
白澤正和 2013 年『地域のネットワークづくりの方法　地域包括ケアの具体的な展開』中央法規
社会保険研究所 2006 年「始動から半年　地域包括支援センターの現状と課題」『介護保険情報』12 月号
高橋紘士 2006 年「総論：地域包括支援センターの現状と課題」『どうなっている？地域包括支援センター』Community Ｃａre 10 月号
田中重好 2010 年『地域から生まれる公共性』ミネルヴァ書房
辻山幸宣 2014 年「地方自治って何だろう？」『自治総研ブックス１２　市民自治講座　前編』坪郷實＋市民がつくる施策調査費会編
外山公美 2014 年「4 章　自治体行政とコミュニティのガバナンス」『コミュニティ政策学入門』誠信書房　坂田周一監修 2014 年

はじめに

西尾勝 2013 年『自治・分権再考　地方自治を志す人たちへ』ぎょうせい

原田晃樹 2014 年「5 章　地方分権と参加・協働」『コミュニティ政策学入門』　誠信書房　坂田周一監修 2014 年

堀善亜昭 2007 年「地域包括支援センターを受託しての現状と課題」『地域包括ケアの現状と今後の課題』ふれあいケア 1 月号

本多滝夫・榊原秀訓編著 2014 年『どこに向かう地方分権改革　地方分権改革の総括と地方自治の課題』自治体研究者

松下圭一 2013 年『2000 年分権改革と自治体危機』公人の友社

宮武剛、古都賢一、中辻直行、鏡諭 2006 年「座談会：地域包括支援センターの現状と課題」『地域包括支援センターのめざすもの』月刊福祉 10 月号、全国社会福祉協議会

武藤博己 2014 年「序章　公共サービスの供給手法の外部化に関する比較」『自治総研叢書 33　公共サービス改革の本質 - 比較の視点から - 』武藤博己編著

横井扶紗 2007 年「介護保険制度における地域包括支援センターの役割と課題—制度改正から 6 ヶ月経過した上牧町地域包括支援センターの現状からの考察—」発達人間学論叢　第 10 号 pp.51-58 2007 年 2 月

【著者紹介】
矢代　隆嗣（やしろ・りゅうじ）

　㈱アリエール・マネジメント・ソリューションズ代表取締役
　コンサルティングファームにて、組織・業務・人材構造改革、行政評価などのコンサルティング活動後、㈱アリエール・マネジメント・ソリューションズ設立。キャパシティ・ビルディング・マネジメントをテーマに民間企業、行政機関、非営利団体へのコンサルティング、研修を中心に活動。日本経営マネジメント学会所属。法政大学大学院兼任講師。法政大学大学院公共政策研究科博士後期課程修了、ニューヨーク大学行政大学院（MS：国際公共機関マネジメント）修了、エディンバラ大学経営大学院（MBA）修了。

　主な著書として『NPOと行政との《協働活動》における成果要因』(公人の友社、2013 年)、『プログラム評価入門（共訳）』(梓出版、2009 年) など。

地方自治ジャーナルブックレット No.68

地域主体のまちづくりで「自治体職員」が重視すべきこと
事例に学び、活かしたい5つの成果要因

2015 年 6 月 5 日　初版発行

　　　編　著　　矢代　隆嗣
　　　発行人　　武内　英晴
　　　発行所　　公人の友社
　　　　　　　　〒112-0002　東京都文京区小石川5－26－8
　　　　　　　　TEL 03－3811－5701
　　　　　　　　FAX 03－3811－5795
　　　　　　　　Eメール info@koujinnotomo.com
　　　　　　　　http://koujinnotomo.com/
　　　印刷所　　倉敷印刷株式会社

ISBN978-4-87555-665-7

[地方財政史]

大正地方財政史・上巻
大正デモクラシーと地方財政

大正地方財政史・下巻
政党化と地域経営
都市計画と震災復興

昭和地方財政史・第一巻
地域格差と両税委譲
分与税と財政調整

昭和地方財政史・第二巻
補助金の成熟と変貌
匡救事業と戦時財政

昭和地方財政史・第三巻
府県財政と国庫支援
地域救済と府県自治

昭和地方財政史・第四巻
町村貧困と財政調整
昭和不況と農村救済

高寄昇三著　各5,000円

[単行本]

フィンランドを世界一に導いた100の社会改革
編著 イルカ・タイパレ
訳 山田眞知子　2,800円

公共経営学入門
編著 ボーベル・ラフラー
監修 稲澤克祐 紀平美智子
訳 みえガバナンス研究会　2,500円

変えよう地方議会
～3.11後の自治に向けて
編著 河北新報社編集局　2,000円

自治体職員研修の法構造
田中孝男　2,800円

自治基本条例は活きているか?!
～ニセコ町まちづくり基本条例の10年
編 木佐茂男・片山健也・名塚昭　2,000円

国立景観訴訟～自治が裁かれる
編著 五十嵐敬喜・上原公子　2,800円

成熟と洗練
～日本再構築ノート
松下圭一　2,500円

地方自治制度「再編論議」の深層
監修 木佐茂男
青山彰久・国分高史　1,500円

韓国における地方分権改革の分析～弱い大統領と地域主義の政治経済学
尹誠國　1,400円

自治体国際政策論
～自治体国際事務の理論と実践
楠本利夫　1,400円

自治体職員の「専門性」概念
～可視化による能力開発への展開
林奈生子　3,500円

自治体の人事評価がよくわかる本
これからの人材マネジメントと人事評価
小堀喜康　1,400円

総合計画の理論と実務
行財政縮小時代の自治体戦略
編著 神原勝・大矢野修　3,400円

総合計画の新潮流
自治体経営を支えるトータル・システムの構築
監修・著 玉村雅敏
編集 日本生産性本部　2,400円

震災復旧・復興と「国の壁」
神谷秀之　2,000円

「地方創生」で地方消滅は阻止できるか
地方再生策と補助金改革
高寄昇三　2,400円

原発再稼働と自治体の選択
原発立地交付金の解剖
高寄昇三　2,200円

おかいもの革命
消費者と流通販売者の相互学習型プラットホームによる低酸素型社会の創出
編著 おかいもの革命プロジェクト　2,000円

NPOと行政の《協働》活動における「成果要因」
～成果へのプロセスをいかにマネジメントするか
矢代隆嗣　3,500円

[自治体危機叢書]

2000年分権改革と自治体危機
松下圭一　1,500円

自治体財政破綻の危機・管理
加藤良重　1,400円

自治体連携と受援力
もう国に依存できない
神谷秀之・桜井誠一　1,600円

政策転換への新シナリオ
小口進一　1,500円

住民監査請求制度の危機と課題
田中孝男　1,500円

政府財政支援と被災自治体財政
東日本・阪神大震災と地方財政
高寄昇三　1,600円

震災復旧・復興と「国の壁」
神谷秀之　2,000円

自治体財政のムダを洗い出す
財政再建の処方箋
高寄昇三　2,300円

アニメの像VS.アートプロジェクト～まちとアートの関係史
竹田直樹　1,600円

No.5 英国における地域戦略パートナーシップ 編：白石克孝、監訳：的場信敬

No.6 マーケットと地域をつなぐパートナーシップ 編：白石克孝、著：園田正彦 1,000円

No.7 政府・地方自治体と市民社会の戦略的連携 的場信敬 900円

No.8 多治見モデル 大矢野修 1,000円

No.9 市民と自治体の協働研修ハンドブック 土山希美枝 1,400円

No.10 行政学修士教育と人材育成 坂本勝 1,600円

No.11 アメリカ公共政策大学院の認証評価システムと評価基準 早田幸政 1,100円

No.12 イギリスの資格履修制度 資格を通しての公共人材育成 小山善彦 1,200円

No.14 炭を使った農業と地域社会の再生 市民が参加する地球温暖化対策 井上芳恵 1,000円

No.15 対話と議論で「つなぎ・ひきだす」ファシリテート能力育成ハンドブック 土山希美枝・村田和代・深尾昌峰 1,400円

No.16 「質問力」からはじめる自治体議会改革 土山希美枝 1,200円

No.17 東アジア中山間地域の内発的発展 日本・韓国・台湾の現場から 清水万由子・尹誠國・谷垣岳人・大矢野修 1,100円

No.18 カーボンマイナスソサエティ クルベジでつながる、環境、農業、地域社会 編著：定松功 1,200円

【生存科学シリーズ】

No.2 再生可能エネルギーで地域がかがやく 秋澤淳・長坂研・小林久・堀尾正朝 1,100円

No.3 小水力発電を地域の力で 小林久・戸川裕昭・堀尾正朝 1,200円 *

No.4 地域の生存と社会的企業 柏雅之・白石克孝・重藤さわ子 1,200円

No.5 地域の生存と農業知財 澁澤栄・福井隆・正林真之 1,000円

No.6 風の人・土の人 千賀裕太郎・白石克孝・柏雅之・福井隆・飯島博・曽根原久司・関原剛 1,400円

No.7 地域からエネルギーを引き出せ！PEGASUSハンドブック 監修：堀尾正朝・白石克孝、著：重藤さわ子・定松功・土山希美枝 1,400円

No.8 地域分散エネルギーと「地域主体」の形成 風・水・光エネルギー時代の主役を作る 編：小林久・堀尾正朝 行政法人科学技術振興機構 社会技術研究開発センター「地域に根ざした脱温暖化・環境共生社会」研究開発領域 地域分散電源等導入タスクフォース 1,400円

No.9 省エネルギーを話し合う実践プラン46 エネルギーを使う・創る・選ぶ 編著：中村洋・安達昇・独立行政法人科学技術振興機構 社会技術研究開発センター「地域に根ざした脱温暖化・環境共生社会」研究開発領域 1,500円

【私たちの世界遺産】

No.1 持続可能な美しい地域づくり 五十嵐敬喜他 1,905円

No.2 地域価値の普遍性とは 五十嵐敬喜・西村幸夫 1,800円

No.3 世界遺産登録・最新事情 長崎・南アルプス 五十嵐敬喜・西村幸夫 1,800円

No.4 新しい世界遺産の登場 九州・山口【近代化遺産】南アルプス【自然遺産】五十嵐敬喜・西村幸夫・岩槻邦男・松浦晃一郎 2,000円

【別冊】No.1 ユネスコ憲章と平泉・中尊寺供養願文 五十嵐敬喜・佐藤弘弥 1,200円

【別冊】No.2 平泉から鎌倉へ 鎌倉は世界遺産になれるか?! 五十嵐敬喜・佐藤弘弥 1,800円

お買い物で社会を変えよう！レクチャー&手引き 編者：永田潤子、監修：独立行政人科学技術振興機構 社会技術研究開発センター「地域に根ざした脱温暖化・環境共生社会」研究開発領域 1,400円

No.98 多治見市の総合計画に基づく政策実行　西寺雅也　800円

No.99 自治体の政策形成力　森啓　700円

No.100 自治体再構築の市民戦略　松下圭一　900円

No.101 維持可能な社会と自治体　宮本憲一　900円

No.102 道州制の論点と北海道　佐藤克廣　1,000円

No.103 自治基本条例の理論と方法　神原勝　1,100円

No.104 働き方で地域を変える　山田眞知子　800円（品切れ）

No.107 公共をめぐる攻防　樽見弘紀　600円

No.108 三位一体改革と自治体財政　岡本全勝・山本邦治・北良治・逢坂誠二・川村喜芳　1,000円

No.109 連合自治の可能性を求めて　松岡市郎・堀内文・三本英司・佐藤克廣・砂川敏文・北良治他　1,000円

No.110「市町村合併」の次は「道州制」か　森啓　900円

No.111 コミュニティビジネスと建設帰農　松本懿・佐藤吉彦・橋場利夫・山北博明・飯野政二・神原勝　1,000円

No.112「小さな政府」論とはなにか　牧野富夫　700円

No.113 栗山町発・議会基本条例　橋場利勝・神原勝　1,200円

No.114 北海道の先進事例に学ぶ　宮谷内留雄・安斎保・見野全・佐藤克廣・神原勝　1,000円

No.115 地方分権改革の道筋　西尾勝　1,200円

No.116 転換期における日本社会の可能性〜維持可能な内発的発展　宮本憲一　1,100円

［TAJIMI CITY ブックレット］

No.2 転型期の自治体計画づくり　松下圭一　1,000円

No.3 これからの行政活動と財政　西尾勝　1,000円（品切れ）

［北海道自治研ブックレット］

No.1 市民・自治体・政治　再論・人間型としての市民　松下圭一　1,200円

No.2 議会基本条例の展開　その後の栗山町議会を検証する　橋場利勝・中尾修・神原勝　1,200円

No.3 福島町の議会改革　議会基本条例＝開かれた議会づくりの集大成　溝部幸基・石堂一志・中尾修・神原勝　1,200円

No.4 議会改革はどこまですすんだか　改革8年の検証と展望　神原勝・中尾修・江藤俊昭・廣瀬克哉　1,200円

［地域ガバナンスシステム・シリーズ］（龍谷大学地域人材・公共政策開発システム・オープン・リサーチセンター（LORC）…企画・編集）

No.1 地域人材を育てる自治体研修改革　土山希美枝　900円

No.2 公共政策教育と認証評価システム　坂本勝　1,100円

No.3 暮らしに根ざした心よいまち　1,100円

No.4 持続可能な都市自治体づくりのためのガイドブック　1,100円

No.4 構造改革時代の手続的公正と第二次分権改革　鈴木庸夫　1,000円

No.5 自治基本条例はなぜ必要か　辻山幸宣　1,000円

No.6 自治のかたち、法務のすがた　天野巡一　1,100円

No.7 自治体再構築における行政組織と職員の将来像　今井照　1,100円（品切れ）

No.8 持続可能な地域社会のデザイン　植田和弘　1,000円

No.9「政策財務」の考え方　加藤良重　1,000円

No.10 市場化テストをいかに導入するべきか　竹下譲　1,000円

No.11 市場と向き合う自治体　小西砂千夫・稲澤克祐　1,000円

- No.43 自治と分権の政治学　鳴海正泰　1,100円
- No.44 公共政策と住民参加　宮本憲一　1,100円*
- No.45 農業を基軸としたまちづくり　小林康雄　800円
- No.46 これからの北海道農業とまちづくり　篠田久雄　800円
- No.47 自治の中に自治を求めて　佐藤守　1,000円
- No.48 介護保険は何をかえるのか　池田省三　1,100円
- No.49 介護保険と広域連合　大西幸雄　1,000円
- No.50 自治体職員の政策水準　森啓　1,100円
- No.51 分権型社会と条例づくり　篠原一　1,000円
- No.52 自治体における政策評価の課題　佐藤克廣　1,000円
- No.53 小さな町の議員と自治体　室埼正之　900円

- No.55 改正地方自治法とアカウンタビリティ　鈴木庸夫　1,200円
- No.56 財政運営と公会計制度　宮脇淳　1,100円
- No.57 自治体職員の意識改革を如何にして進めるか　林嘉男　1,000円
- No.59 環境自治体とISO　畠山武道　700円
- No.60 転型期自治体の発想と手法　松下圭一　900円
- No.61 分権の可能性　スコットランドと北海道　山口二郎　600円
- No.62 機能重視型政策の分析過程と財務情報　宮脇淳　800円
- No.63 自治体の広域連携　佐藤克廣　900円
- No.64 分権時代における地域経営　見野全　700円
- No.65 町村合併は住民自治の区域の変更である　森啓　800円
- No.66 自治体学のすすめ　田村明　900円

- No.67 市民・行政・議会のパートナーシップを目指して　松山哲男　700円
- No.69 新地方自治法と自治体の自立　井川博　900円
- No.70 分権型社会の地方財政　神野直彦　1,000円
- No.71 自然と共生した町づくり　宮崎県・綾町　森山喜代香　700円
- No.72 情報共有と自治体改革　片山健也　1,000円
- No.73 地域民主主義の活性化と自治体改革　山口二郎　900円
- No.74 分権は市民への権限委譲　上原公子　1,000円
- No.75 今、なぜ合併か　瀬戸亀男　800円
- No.76 市町村合併をめぐる状況分析　小西砂千夫　800円
- No.78 ポスト公共事業社会と自治体政策　五十嵐敬喜　800円
- No.80 自治体人事政策の改革　森啓　800円

- No.82 地域通貨と地域自治　西部忠　900円（品切れ）
- No.83 北海道経済の戦略と戦術　宮脇淳　800円
- No.84 地域おこしを考える視点　矢作弘　700円
- No.87 北海道行政基本条例論　神原勝　1,100円
- No.90 「協働」の思想と体制　森啓　800円*
- No.91 協働のまちづくり　三鷹市の様々な取組みから　秋元政三　700円*
- No.92 シビル・ミニマム再考　松下圭一　900円
- No.93 市町村合併の財政論　高木健二　800円*
- No.95 市町村行政改革の方向性　佐藤克廣　800円
- No.96 創造都市と日本社会の再生　佐々木雅幸　900円
- No.97 地方政治の活性化と地域政策　山口二郎　800円

【地方自治土曜講座ブックレット】

No.1 現代自治の条件と課題　神原勝　800円

No.2 自治体の政策研究　森啓　500円 *

No.3 現代政治と地方分権　山口二郎　500円 *

No.4 行政手続と市民参加　畠山武道　500円 *

No.5 成熟型社会の地方自治像　間島正秀　500円 *

No.6 自治体法務とは何か　木佐茂男　500円 *

No.7 自治と参加　アメリカの事例から　佐藤克廣　500円 *

No.8 政策開発の現場から　小林勝彦・大石和也・川村喜芳　800円 *

No.9 まちづくり・国づくり　五十嵐広三・西尾六七　500円 *

No.3 地域力再生とプロボノ　行政におけるプロボノ活用の最前線
編著 杉岡秀紀
著 青山公三・鈴木康久・山本伶奈　1,000円

No.10 自治体デモクラシーと政策形成　山口二郎　500円 *

No.11 自治体理論とは何か　森啓　500円 *

No.12 池田サマーセミナーから　間島正秀・福士明・田口晃　500円 *

No.13 憲法と地方自治　中村睦男・佐藤克廣　500円（品切れ）

No.14 まちづくりの現場から　斉藤外一・宮嶋望　500円 *

No.15 環境問題と当事者　畠山武道・相内俊一　500円 *

No.16 情報化時代とまちづくり　千葉純・笹谷幸一　600円（品切れ）

No.17 市民自治の制度開発　神原勝　500円 *

No.18 行政の文化化　森啓　600円 *

No.19 政策法務と条例　阿部泰隆　600円 *

No.20 政策法務と自治体　岡村行雄　600円（品切れ）

No.21 分権時代の自治体経営　北良治・佐藤克廣・大久保尚孝　600円 *

No.22 地方分権推進委員会勧告とこれからの地方自治　西尾勝　500円 *

No.23 産業廃棄物と法　畠山武道　600円 *

No.24 自治体計画の理論と手法　神原勝　600円（品切れ）

No.25 自治体の施策原価と事業別予算　小口進一　600円（品切れ）

No.26 地方分権と地方財政　横山純一　600円（品切れ）

No.27 比較してみる地方自治　田口晃・山口二郎　600円（品切れ）

No.28 議会改革とまちづくり　森啓　400円（品切れ）

No.29 自治体の課題とこれから　逢坂誠二　400円 *

No.30 内発的発展による地域産業の振興　保母武彦　600円（品切れ）

No.31 地域の産業をどう育てるか　金井一頼　600円 *

No.32 金融改革と地方自治体　宮脇淳　600円 *

No.33 ローカルデモクラシーの統治能力　山口二郎　400円 *

No.34 政策立案過程への戦略計画手法の導入　佐藤克廣　500円 *

No.35 「変革の時」の自治を考える　神原昭子・磯田健太郎　600円 *

No.36 地方自治のシステム改革　辻山幸宣　400円（品切れ）

No.37 分権時代の政策法務　礒崎初仁　600円 *

No.38 地方分権と法解釈の新しい自治　兼子仁　400円 *

No.39 「近代」の構造転換と新しい「市民社会」への展望　今井弘道　500円 *

No.40 自治基本条例の展望　辻道雅宣　400円 *

No.41 少子高齢社会の自治体の福祉法務　加藤良重　400円 *

No.42 改革の主体は現場にあり　山田孝夫　900円

No.50 良心的裁判員拒否と責任ある参加 市民社会の中の裁判員制度 大城 聡 1,000円

No.51 討議する議会 自治体議会学の構築をめざして 江藤俊昭 1,000円

No.52 【増補版】大阪都構想と橋下政治の検証 府県集権主義への批判 高寄昇三 1,200円

No.53 虚構・大阪都構想への反論 橋下ポピュリズムと都市主権の対決 高寄昇三 1,200円

No.54 大阪市存続・大阪都粉砕の戦略 地方政治とポピュリズム 高寄昇三 1,200円

No.55 「大阪都構想」を越えて 問われる日本の民主主義と地方自治 編著：大阪自治体問題研究所 1,200円

No.56 翼賛会型政治・地方民主主義への脅威 地域政党と地方マニフェスト 高寄昇三 1,200円

No.57 なぜ自治体職員にきびしい法遵守が求められるのか 加藤良重 1,200円

No.58 東京都区制度の歴史と課題 都区制度問題の考え方 著：栗原利美、編：米倉克良 1,400円

No.59 七ヶ浜町（宮城県）で考える「震災復興計画」と住民自治 編著：自治体学会東北YP 1,400円

No.60 市民が取り組んだ条例づくり 市長・職員・市議会とともにつくった所沢市自治基本条例 編著：所沢市自治基本条例を育てる会 1,400円

No.61 いま、なぜ大阪市の消滅なのか「大都市地域特別区法」の成立と今後の課題 編者：大阪自治を考える会 800円

No.62 地方公務員給与は高いのか 非正規職員の正規化をめざして 著：高寄昇三・山本正憲 1,200円

No.63 大阪市廃止・特別区設置の制度設計案を批判する いま、なぜ大阪市の消滅なのか Part2 編者：大阪自治を考える会 900円

No.64 自治体学とはどのような学か 森啓 900円

No.65 通年議会の〈導入〉と〈廃止〉 長崎県議会による全国初の取り組み 松島完 900円

No.66 平成忠臣蔵・泉岳寺景観の危機 吉田朱音・牟田賢明・五十嵐敬喜 800円

No.67 いま一度考えたい大阪市の廃止・分割 その是非を問う住民投票を前に 編者：大阪自治を考える会 926円

No.68 地域主体のまちづくりで「自治体職員」が重視すべきこと 事例に学び、活かしたい5つの成果要因 矢代隆嗣 800円

[福島大学ブックレット 21世紀の市民講座]

No.1 自治体政策研究ノート 今井照 900円

No.2 外国人労働者と地域社会の未来 編：坂本恵 900円

No.3 住民による「まちづくり」の作法 著：桑原靖夫・香川孝三、今西一男 1,000円

No.4 格差・貧困社会における市民の権利擁護 金子勝 900円

No.5 法学の考え方・学び方 イェーリングにおける「秤」と「剣」 富田哲 900円

No.6 今なぜ権利擁護か ネットワークの重要性 高野範城・新村繁文 1,000円

No.7 小規模自治体の可能性を探る 保母武彦・菅野典雄・佐藤力・竹内是俊・松野光伸 1,000円

No.8 小規模自治体の生きる道 連合自治の構築をめざして 神原勝 900円

No.9 文化資産としての美術館利用 地域の教育・文化的生活に資する方法研究と実践 辻みどり・田村奈保子・真歩仁しょうん 900円

No.10 フクシマで"日本国憲法〈前文〉"を読む 家族で語ろう憲法のこと 金井光生 1,000円

[京都府立大学 京都政策研究センターブックレット]

No.1 地域貢献としての「大学発シンクタンク」 京都政策研究センター（KPI）の挑戦 編著 青山公三・小沢修司・杉岡秀紀・藤沢実 1,000円

No.2 もうひとつの「自治体行革」 住民満足度向上へつなげる 編著 青山公三・小沢修司・杉岡秀紀・藤沢実 1,000円

[地方自治ジャーナルブックレット]

No.10 自治体職員の能力
自治体職員能力研究会 971円

No.11 パブリックアートは幸せか
山岡義典 1,166円*

No.12 市民が担う自治体公務
パートタイム公務員論研究会 1,166円

No.14 上流文化圏からの挑戦
山梨学院大学行政研究センター 1,359円

No.15 市民自治と直接民主制
高寄昇三 1,166円

No.16 議会と議員立法
上田章・五十嵐敬喜 951円

No.17 分権段階の自治体と政策法務
山梨学院大学行政研究センター 1,600円

No.18 地方分権と補助金改革
高寄昇三 1,456円

No.19 分権化時代の広域行政
山梨学院大学行政研究センター 1,200円

No.20 あなたの町の学級編成と地方分権
田嶋義介 1,200円

No.22 ボランティア活動の進展と自治体の役割
山梨学院大学行政研究センター 1,200円

No.23 新版2時間で学べる「介護保険」
加藤良重 800円

No.24 男女平等社会の実現と自治体の役割
山梨学院大学行政研究センター 1,200円

No.25 市民がつくる東京の環境・公害条例
市民案をつくる会 1,000円

No.26 東京都の「外形標準課税」はなぜ正当なのか
青木宗明・神田誠司 1,000円

No.27 少子高齢化社会における福祉のあり方
山梨学院大学行政研究センター 1,200円

No.28 財政再建団体
橋本行史 1,000円（品切れ）

No.29 交付税の解体と再編
高寄昇三 1,000円

No.30 町村議会の活性化
山梨学院大学行政研究センター 1,200円

No.31 地方分権と法定外税
外川伸一 800円

No.32 東京都銀行税判決と課税自主権
高寄昇三 1,200円

No.33 都市型社会と防衛論争
松下圭一 900円

No.34 中心市街地の活性化に向けて
山梨学院大学行政研究センター 1,200円

No.35 自治体企業会計導入への戦略
高寄昇三 1,100円

No.36 行政基本条例の理論と実際
神原勝・佐藤克廣・辻道雅宣 1,100円

No.37 市民文化と自治体文化戦略
松下圭一 800円

No.38 まちづくりの新たな潮流
山梨学院大学行政研究センター 1,200円

No.39 ディスカッション三重の改革
中村征之・大森彌 1,200円

No.40 政務調査費
宮沢昭夫 1,200円（品切れ）

No.41 市民自治の制度開発の課題
山梨学院大学行政研究センター 1,200円

No.42 《改訂版》自治体破たん・「夕張ショック」の本質
橋本行史 1,200円*

No.43 分権改革と政治改革
西尾勝 1,200円

No.45 自治体人材育成の着眼点
浦野秀一・井澤壽美子・野田邦弘・西村浩・三関浩司・杉谷戸知也・坂口正治・田中富雄 1,200円

No.46 シンポジウム障害と人権
橋本宏子・森田明・湯浅和恵・池原毅和・青木九馬・澤静子・佐々木久美子 1,400円

No.47 地方財政健全化法で財政破綻は阻止できるか
高寄昇三 1,200円

No.48 地方政府と政策法務
加藤良重 1,200円

No.49 政策財務と地方政府
加藤良重 1,400円

No.50 政令指定都市がめざすもの
高寄昇三 1,400円

「官治・集権」から
　　　　　「自治・分権」へ

市民・自治体職員・研究者のための
自治・分権テキスト

《出版図書目録 2015.6》

公人の友社　〒 120-0002　東京都文京区小石川 5-26-8
　　　　　　　TEL　03-3811-5701
　　　　　　　FAX　03-3811-5795
　　　　　　　mail　info@koujinnotomo.com

- ご注文はお近くの書店へ
  小社の本は、書店で取り寄せることができます。
- ＊印は〈残部僅少〉です。品切れの場合はご容赦ください。
- 直接注文の場合は
  電話・FAX・メールでお申し込み下さい。
  　　TEL　03-3811-5701
  　　FAX　03-3811-5795
  　　mail　info@koujinnotomo.com
  （送料は実費、価格は本体価格）